AF253512

CH.-L. CHASSIN

LE
CAHIER GÉNÉRAL

DES

ÉLECTEURS RÉPUBLICAINS

DE 1876

Prix : 10 centimes.

100 exemplaires, 8 fr. ; — 1000 exemplaires, 60 fr.

PARIS

BIBLIOTHÈQUE RÉPUBLICAINE

9, RUE VIVIENNE, 9

1876

LE
CAHIER GÉNÉRAL
DES
ÉLECTEURS RÉPUBLICAINS
DE 1876

I. Les Cahiers populaires.

L'idée d'appliquer aux élections de 1876 la méthode des *Cahiers*, qui fut si féconde dans les élections de 1789, a été émise aussitôt après la promulgation des lois constitutionnelles.

Dès le 12 avril 1875, la *Presse* la résumait dans cette formule : DÉLIBÉRER AVANT DE VOTER.

Nous en indiquions le but en ces termes :

« Pour écarter les périls du de-
« hors, pour couper court aux com-
« pétitions des partis, pour mettre
« fin au désarroi des opinions, il est
« nécessaire que la France se regarde
« elle-même, comme dans un miroir,
« et se fasse connaître au monde. »

La brochure populaire, *Les Cahiers de 1789 et les Cahiers du Sénat* (1), publiée au mois d'août, après le vote des lois organiques, a rappelé le glorieux exemple donné par les électeurs de notre première Assemblée constituante et indiqué les moyens de l'utiliser pour la bonne composition des deux Chambres de la troisième République.

(1) In-32, 10 centimes, *Librairie du Suffrage universel*, rue Hautefeuille, 14, Paris.

Le *Bulletin des Conseils municipaux* (1) a adopté avec une patriotique ardeur l'idée des *Cahiers* et nous a invité à en rédiger des modèles selon la méthode si merveilleusement réussie des Sieyès, des Kersaint, des Camille Desmoulins, des Servan et des Mirabeau.

Mais, avant d'entreprendre cette campagne électorale, nous avons dû sonder le terrain d'opération, puis indiquer à la démocratie républicaine les moyens les plus sûrs d'éviter les piéges tendus par les trois partis monarchiques et d'obtenir la victoire au scrutin, avant qu'ait pu se faire l'éducation du peuple.

Notre *Mot d'ordre de la raison* (2) a été très-bien compris.

(1) N° 23, 21 novembre.

(2) Il a paru le 21 novembre dans les principaux

Nous y écrivions :

« Nous tous qui n'avons à désirer
« autre chose que l'amélioration de
« ce qui a été n'importe comment
« constitué le 25 février 1875, demeu-
« rons imperturbables dans la situa-
« tion, où les circonstances nous ont
« mis, de *conservateurs du gouverne-*
« *ment*, malgré les hommes dont le
« gouvernement est composé jusqu'à
« ce que le pays ait nommé ses nou-
« veaux représentants ; soyons, nous,

jounaux des départements, le *Phare de la Loire*,
le *Progrès de Lyon*, le *Hâvre*, l'*Alliance républicaine de Mâcon*, etc. Le *Siècle* l'a résumé, le 23
novembre, en le qualifiant de « manifeste où sont
tracées avec beaucoup de soin les règles de con-
duite qui doivent nous assurer le succès électoral... Inspiré par un sentiment fort exact des be-
soins actuels du pays et des difficultés de la situation ; œuvre d'un républicain clairvoyant, qui court
aux résultats et non au bruit. »

« envers et contre tous, *les défenseurs*
« *de la République* purement et sim-
« plement.

« Pour cela, les plus radicaux des
« démocrates auraient-ils à faire une
« transaction quiconque, le moindre
« sacrifice de principes? Non....

« Que les philosophes écrivent des
« livres de théorie républicaine ab-
« solue, que les historiens jugent
« sévèrement nos fautes et nos mi-
« sères pour nous préserver d'y re-
« tomber : ils rempliront leur devoir.

« Mais le devoir des politiques
« pratiques, leur devoir étroit aujour-
« d'hui, c'est de ne rien compromet-
« tre du peu qui est acquis et d'en
« tirer, dans les élections générales
« prochaines, ces deux choses d'in-
« térêt immédiat :

« *L'écrasement des vieux partis mo-*

« *narchiques*, réduits, même coalisés,
« à l'incapacité de nuire ;

« *La réalité de la République*, indéfi-
« niment progressive, prouvée par la
« complète application de la Consti-
« tution promulguée...

« Contre trois monarchies à res-
« taurer, l'une malgré l'autre, aux
« risques de troubles civils et d'em-
« barras extérieurs immenses ; con-
« tre tout ce qu'elles représentent, la
« dictature militaire, les priviléges,
« le cléricalisme, il n'y a à opposer
« que la République sans épithète.
« La République n'est plus à définir,
« puisqu'elle est constituée. Ce qu'elle
« deviendra depend du peuple...

« L'œuvre des sénateurs et des
« députés que nous allons élire se
« réduit à *conserver la République.*

« Nous compromettrions tout en

« exigeant d'eux davantage, plus
« qu'ils ne pourront. Une majorité
« fiévreuse ne servirait à rien. Ce
« qui est indispensable pour achever
« définitivement la ruine des monar-
« chies, et pour remettre la nation
« en possession d'elle-même, c'est la
« *majorité.*

« Cette majorité, qui doit être calme
« autant que ferme, — et qu'il faut
« d'un *total écrasant,* — comment
« l'obtenir des masses laborieuses et
« conservatrices ?

« En faisant partout apparaître les
« candidats de la démocratie comme
« ce qu'ils sont en effet, les *seuls*
« francs et vrais *conservateurs de la*
« *République.* »

Conformément à ce programme préliminaire, dicté par le simple bon sens pour l'union de toutes les forces républicaines, depuis les plus molles jusqu'aux plus énergiques, sur la base du fait accompli, de la légalité existante, nous avons dû présenter à nos concitoyens deux modèles de *Cahiers.*

Le *Cahier du délégué de commune* (1),

(1) Le *Bulletin des Conseils municipaux* l'a publié dans son n° 25, 5 décembre. Reproduit par les plus importants journaux des départements, il a été réimprimé en brochure à 5 centimes, par la *Société du Patriote*, 6, rue Sainte-Catherine-d'Enfer, Paris. La *République française* (14 janvier 1876) a consacré à ce « manuel civique » un chaleureux article dont voici la dernière phrase : « Ce petit programme, rédigé simplement, brièvement, et composé des meilleures idées qui sont le fond des doctrines de la démocratie française, du minimum de ses aspirations, forme une sorte de *vade-mecum*

destiné exclusivement aux campagnes, a résumé en sept articles, expliqués comme il le fallait pour mettre les paysans en garde contre l'impérialisme, le royalisme, l'influence cléricale et la candidature officielle, le *minimum* des aspirations démocratiques :

I. — *Plus de révolutions! La République maintenue.*

II. — *Plus de guerres extérieures! La paix garantie.*

III. — *Le service militaire pour la défense de la patrie, obligatoire pour tous sans exception ni rachat d'aucun genre.*

d'une incontestable utilité pour les grandes opérations qui vont s'ouvrir, et l'on doit espérer que nos amis s'attacheront à le répandre partout, dans l'intérêt de la République et de la sincérité des élections. »

IV. — *La répartition des impôts de plus en plus équitable.*

V. — *L'instruction publique répandue partout et soustraite à la domination du clergé.*

VI. — *Réprobation de tout ce qui, de près ou de loin, ressemblerait à une tentative de retour à l'ancien régime.*

VII. — *Intégrité du suffrage universel; liberté électorale; répression de la candidature officielle : les maires nommés par les conseils municipaux; les franchises municipales garanties et développées.*

Le *Projet de Cahier* général que nous donnons plus loin, et qu'ont publié en décembre dernier le *Bulletin des Conseils municipaux*, le *Progrès* (de Lyon) et le *Phare de la Loire*, ne pouvait pas relever seulement les sept points fixés dans le précédent modèle. Il devait en outre exprimer *la moyenne* des aspirations populaires des villes, et prouver que les plus légitimes de ces aspirations sont réalisables sous le régime consacré par les lois constitutionnelles de février 1875.

Se taire là-dessus, avec une prudence exagérée, qu'aucun adversaire politique n'eût prise au sérieux, n'aurait servi qu'à désintéresser du mouvement la partie la plus ardente du corps électoral, et à mettre la démagogie césarienne en état d'exploiter à faux certaines rancunes, certaines passions, certaines utopies.

D'autre part, en acceptant le terrain constitutionnel sans réserve, il était bon de démontrer que, pour cela, on ne renie aucun principe, on est, au contraire, d'autant mieux en droit de revendiquer toutes les libertés indispensables à la démocratie franche.

A un point de vue encore plus élevé, lorsque l'Europe considère les élections françaises, ici avec une généreuse sympathie et là avec une hostilité railleuse, n'importe-il pas d'exciter la France à prouver qu'elle n'a pas peur de ses propres idées, et qu'en 1876, malgré ses désastres militaires, malgré les pélerinages et le Sacré-Cœur, elle est encore, elle sera toujours « la grande nation » humaine de 1789?

Cependant, il va sans dire que les onze chapitres de notre *Cahier général,* trop simple selon les uns, trop compliqué selon les autres, ne forment point une sorte de *Syllabus* démocratique, dont pas un article de foi ne saurait être écarté, et à l'ensemble duquel serait lié le salut de chaque citoyen et de la patrie

Nous recueillons des idées, nous les proposons, nous ne les imposons pas.

Nous ne nourrissons pas l'espérance de voir accepter tout de suite celles mêmes auxquelles notre cœur et notre esprit tiennent le plus.

Notre but immédiat sera atteint si seulement, grâce aux discussions suscitées, les élections générales produisent une forte majorité républicaine de toutes nuances, conservant la République et garantissant le développement logique des institutions démocratiques.

L'esprit clérical ou réactionnaire

vaincu, les plans de restauration monarchique refoulés dans le néant, la République se développera d'elle-même en pleine paix et en complète liberté.

II. Le Cahier général.

Liberté du choix,
Discipline au scrutin,
Tels sont les deux mots d'ordre de l'électeur républicain.

Les réunions électorales, organisées par des républicains, feront comparaître par devant elles tous les candidats, se présentant ou présentés, sans distinction d'opinions.

Aux candidats sera posée tout de suite la question capitale :

Acceptez-vous la République sans réserve ?

Sera refusé comme suspect de tramer une restauration quelconque et d'espérer une révolution bouleversant l'ordre actuel des choses tout candidat qui ne pourrait pas répondre, en fournissant toutes les preuves de sa parfaite loyauté :

Oui.

Ensuite, on demandera aux candidats reconnus admissibles l'engagement d'honneur :

1° De repousser toute demande de révision dans le sens monarchique et de n'adhérer qu'aux modifications constitu-

tionnelles élargissant les bases du régime démocratique et républicain;

2° A l'expiration des pouvoirs du chef de l'État, dans le cas de sa démission ou de sa mort, d'écarter de la Présidence de la République tout membre des familles qui ont régné sur la France.

Ces deux points réglés, les électeurs n'imposeront pas de *mandat impératif* dans le sens étroit de l'expression. Ils se contenteront de réclamer de leurs futurs élus, dont la probité politique devra être bien connue d'eux, la promesse de consacrer tous leurs efforts à la réalisation des réformes réclamées dans leur *Cahier général*.

Ce *Cahier général* devra résumer les

points principaux de la politique républicaine et nationale à faire pré-
valoir, dans le nouveau Parlement,
sous l'égide de la Constitution. Le
modèle, que nous en offrons à nos
concitoyens, est rédigé d'après la méthode de nos pères, les auteurs de la
magnifique émancipation nationale
de 1789, les fondateurs de l'égalité et
de la liberté françaises. Il ne contient
pas d'idées personnelles, pas de théo-
ries d'école. C'est un résumé fidèle
des aspirations populaires les plus
évidentes. C'est un exposé plus ou
moins complet des réformes les plus
désirables pour la conservation sûre
et le développement normal des institutions républicaines.

Aux électeurs de l'étudier à fond et
en détail, d'y ajouter, d'en retran-
cher, et de tirer, sous des formes

diverses, de cet essai de programme l'expression éclatante de ce que nous sommes et de ce que nous voulons.

Plus que jamais il est nécessaire que la France reprenne conscience d'elle-même et s'affirme. Le monde entier a les yeux fixés sur ses élections générales; sa vie dépend de la stabilité majestueuse que seule lui donnera la fondation définitive de la République.

———

I

La Constitution, pour être appliquée honnêtement et logiquement, exige que la République soit administrée par des fonctionnaires loyalement républicains, et la nation réintégrée dans le plein exercice des libertés essentielles.

II

Ammistie politique, pour inaugurer une ère nouvelle de concorde et d'ordre loyal ;

L'état de siége complètement levé ; qu'une loi générale interdise toute suspension ou réduction en temps de paix des droits privés et des libertés publiques, précise les cas de guerre rendant les règles militaires applicables, et limite la compétence des conseils de guerre aux seuls faits militaires.

III

Abolition de toutes les anciennes lois contre la presse, les associations et les réunions ; codification nouvelle des prescriptions d'ordre public indispensables afin que, les droits saufs, la liberté des uns ne puisse nuire à la liberté des autres ;

L'industrie de l'imprimerie, de la librairie et des journaux, libre comme toute industrie ; réduction au droit commun des délits et crimes susceptibles d'être commis par la presse comme avec n'importe quel instrument ;

Pour les réunions, l'ordre garanti sous la responsabilité personnelle des membres de leurs bureaux ;

Les associations de tous genres, également libres pour toutes les classes et tous les intérêts, obligées à donner la plus large publicité à leurs statuts et, chaque année au moins, à leurs opérations ;

Nécessité d'une délibération des deux Chambres pour que l'utilité publique soit reconnue à n'importe quelle compagnie, et aussi pour que soit dissoute toute société dont les règlements seraient contraires aux lois de l'État.

IV

Révision des lois de 1850 et de 1875 sur l'enseignement secondaire et l'enseignement supérieur, de façon à étendre à tous une liberté, dont présentement le clergé catholique seul peut user, au plus grand péril de l'indépendance nationale, de la liberté de conscience, du progrès scientifique et de l'élévation des études ;

Liberté totale des cours et conférences, la surveillance de la police ne devant s'exercer que pour la sauvegarde de la tranquillité publique et des bonnes mœurs;

Augmentation considérable du budget de l'instruction nationale, avec le concours des communes;

Établissement aux frais de l'État et des départements, d'universités provinciales complètes;

L'instruction primaire et professionnelle, gratuite et laïque dans toutes les communes;

La gratuité de l'instruction secondaire, supérieure et spéciale, assurée à toutes les capacités constatées par examens et concours publics;

Le devoir de faire donner aux enfants l'instruction primaire et professionnelle, imposé aux pères de famille et tuteurs au même titre que l'obligation de les nourrir.

V

Liberté de conscience et de pensée sans restriction, le droit naturel de tout citoyen et de tout groupe de citoyens étant d'affirmer ou de nier, de défendre et propager sa foi ou son doute ;

Liberté de religion absolue et protection égale des pratiques religieuses quelconques dans les locaux privés et spéciaux, la voie publique étant refusée à tous les cultes par respect de chacun ;

Plus de clergé à la solde de l'État, plus de prêtres fonctionnaires ; plus de distinction entre ecclésiastiques et laïques ; la loi française ne connaît que des citoyens égaux et libres.

VI

Que la liberté individuelle, ainsi que les libertés générales, trouvent leur première garantie dans la responsabilité effective des fonctionnaires publics, dont tous les actes doivent être passibles des tribunaux ordinaires ;

Inviolabilité de la propriété, du travail, de la personne et du domicile ;

Ni visite domiciliaire, ni arrestation, ni saisie ou confiscation, sans mandat émané de la juridiction compétente ; sans décision de celle-ci, pas de détention préventive prolongée ; la liberté sous caution pécuniaire ou personnelle, toujours accordée, hormis pour les accusations pouvant entraîner des peines afflictives ou infamantes ; indemnité morale et matérielle à l'innocence reconnue ;

Abolition de l'instruction secrète ; que le prévenu, dès le premier interrogatoire, soit mis à même de se faire défendre, de présenter des preuves et des témoins à décharge ;

Les jurés désignés par les municipalités élues ; le jury intervenant de l'instruction au jugement, et son principe appliqué, autant que possible, en toute cause, comme en justice criminelle ;

Réforme de la magistrature selon les principes établis en 1789-1791 ; part faite à l'élection dans le choix des juges, sous condition de capacité juridique ;

Réforme pénitentiaire basée sur la recherche des moyens propres à faire de la punition un essai méthodique de régénération morale ; abolition de la peine de mort ;

Le code civil, dans son ensemble et particulièrement en ce qui concerne la laïcité du mariage, de tous les actes de l'état civil, l'individualité de la propriété, l'ordre et le partage naturel des successions, très-énergiquement défendus par les législateurs et par les autorités contre les prétentions cléricales, les captations et les substitutions des gens et confréries de mainmorte, les anathèmes du *Syllabus* et les ambitions antidémocratiques, antifrançaises, de l'ultramontanisme.

VII

Le suffrage universel, fondement de la démocratie française, appliqué sans restriction aux élections de tous ordres ; répression efficace de la candidature officielle ;

Restitution aux conseils municipaux du choix des maires et adjoints ; plus de commission municipale non élue ;

Extension des attributions des conseils généraux et de leurs commissions de permanence ; suppression des sous-préfectures et diminution des pouvoirs des préfets ; réduction de la tutelle administrative dans toutes les branches ;

Gouvernement de plus en plus effectif du pays par le pays ; les franchises municipales élargies et garanties ; l'unité nationale fortifiée par la vie complète de chaque partie du territoire ; décentralisation aussi large que le comporteront les aspirations locales et les progrès des mœurs politiques.

VIII

Révision du budget des dépenses de l'État, des départements et des communes, au double point de vue des économies à réaliser sur les fonctions trop nombreuses ou trop payées, et de la dotation large des services publics les plus utiles au développement de l'intelligence et de la richesse du pays ;

Révision du budget des recettes et du système des contributions ; démocratisation de l'impôt, de telle sorte que chaque citoyen, suivant le capital qu'il exploite et le revenu dont il jouit, paie réellement et dans la proportion équitable sa quote-part des charges sociales ;

Réforme des taxes de consommation et de celles qui entravent la production; régularisation du cadastre et de l'assiette de l'impôt foncier; la terre de plus en plus libre entre les mains de qui la cultive le mieux;

L'assurance généralisée, mettant la nation entière sans cesse à même de réparer les désastres éprouvés par une partie du pays et des citoyens.

IX

Examen à fond de la situation des forêts et cours d'eau, des canaux, des chemins de fer et des routes;

Réforme, par l'exécution rigoureuse des contrats, des services dans lesquels le monopole s'est substitué à l'action publique; développement de la circulation par l'abaissement des tarifs;

Solutions pacifiques et expérimentales des questions économiques et sociales, cherchées et étudiées pour couper court à l'antagonisme des classes et réaliser l'harmonie des intérêts.

X

Éducation gymnastique nationale, de l'enfance à l'âge mûr, préparant, pour la défense de la patrie, des corps robustes et souples, aussi bien que des cœurs virils ;

Réduction, au minimum indispensable à la bonne instruction militaire, du service obligatoire pour tous sans exception, ni rachat d'aucun genre;

L'armée active permanente restreinte au strict nécessaire pour les armes spéciales et les cadres;

L'armée territoriale développée selon la méthode des milices suisses, avec réunions départementales ou régionales annuelles et manœuvres d'ensemble;

La défense du pays par zones, organisée d'avance et sans cesse prête, de telle manière que le salut de la patrie ne dépende plus de la prise ou de la reddition de la capitale.

XI

La politique extérieure vouée aux grandes œuvres de civilisation et de paix, rendue conforme à l'intérêt de tous les peuples;

Que jamais plus la guerre ne puisse être déclarée ou acceptée que du con-

sentement national; plus de conquê-
tes : non-intervention absolue ; que
les Chambres adhèrent au principe
de l'arbitrage pour le règlement des
différends internationaux;

Que la France de 89 se dégage de
toute solidarité avec la Papauté du
moyen âge, renie les manœuvres de
l'ultramontanisme, s'affirme la nation
de la tolérance universelle, de la libre pensée, de la science humaine et
du droit laïque.

Saint-Denis. — Imprimerie J. Bœhin.

A LA MÊME LIBRAIRIE

La Politique et les affaires, *lettre à un conseiller municipal, à propos des prochaines élections*, par AD. ROYANNEZ. Brochure in-18. . . . 15 c.
100 exemplaires, 10 fr. ; 500 ex., 45 fr. ; 1000 ex., 80 fr.

Lettre du père Gérard à Mathurin Meurtaud, laboureur et conseiller municipal, relativement à l'élection du délégué de sa commune. Brochure in-18. . . . . 10 c.
100 exemplaires, 6 fr. ; 500 ex., 45 fr. ; 1000 ex.; 80 fr.

Recueil des lois organiques et constitutionnelles, *votées par l'Assemblée nationale* (du 20 novembre 1873 au 30 novembre 1875), avec commentaires et notes, par H. ROUILLARD et A. REVEL. 1 vol. in-12. . . . . 1 fr.

Petit guide pour les élections des sénateurs, par A. BARD, avocat, et E. BOURSIN, publiciste. 1 vol. in-18. . . . . 50 c.

Guide de l'électeur au Sénat, par Léon COHN, avocat, ancien secrétaire du ministre de l'instruction publique, et Lucien PASQUIER, avocat, docteur en droit. 1 vol. in-18. . . . . 60 c.

Code-Manuel électoral pour les élections législatives, PAR LES MÊMES. 1 vol. in-18. 60 c.

Petit Manuel électoral pour les élections municipales, PAR LES MÊMES. 1 vol. in-18. 60 c.